Julien DEMEY

DOCTEUR EN DROIT

ANCIEN ÉLÈVE DE L'INSTITUT DES HAUTES ÉTUDES INTERNATIONALES

Position générale du problème d'ensemble des rapports internationaux de droit privé

PARIS

LIBRAIRIE MONCEAU

PAUL DEMEY, Libraire-Éditeur

82, BOULEVARD DES BATIGNOLLES, 82

1926

PRIX : 5 francs

Position générale du problème d'ensemble des rapports internationaux de droit privé

Julien DEMEY

DOCTEUR EN DROIT

ANCIEN ÉLÈVE DE L'INSTITUT DES HAUTES ÉTUDES INTERNATIONALES

Position générale du problème d'ensemble des rapports internationaux de droit privé

PARIS

LIBRAIRIE MONCEAU

PAUL DEMEY, Libraire-Éditeur

82, BOULEVARD DES BATIGNOLLES, 82

1926

INTRODUCTION

Si les personnes demeuraient indéfiniment immobiles sur le sol qui les a vu naître, si les choses restaient indéfiniment fixées sur le territoire qui les a vu éclore à la vie juridique, le problème des rapports internationaux de droit privé ne se poserait pas. Mais les personnes voyagent de plus en plus fréquemment d'un État à un autre, mais les choses se déplacent également d'un État à un autre avec une mobilité et une rapidité sans cesse accrues par le développement moderne des relations internationales, et alors se pose la question de savoir quelle est la loi qui régira la condition juridique de ces personnes ou de ces choses au cours de leurs pérégrinations successives.

L'admission des personnes et des choses sur le territoire d'un Etat déterminé est libre en principe, mais elle est parfois subordonnée à certaines conditions.

Les personnes qui tentent de franchir la frontière d'un État peuvent être soit des nationaux de cet État nés à l'étranger, soit des étrangers.

Les obstacles susceptibles dans des cas très rares de s'opposer à l'admission des nationaux (bannissement, interdiction de séjour) n'ont rien à voir avec le droit international, et par conséquent nous n'avons pas à nous en occuper dans une étude consacrée à cet objet.

L'État soucieux d'empêcher l'augmentation indéfinie du nombre des étrangers sur son territoire peut en limiter la pénétration par les moyens qu'il juge convenables. De cette préoccupation est issue la question brûlante de l'immigration chinoise aux États-Unis. L'afflux considérable des étrangers en France cause actuellement au Gouvernement français des inquiétudes analogues dont témoigne notamment la disposition de l'article premier, dernier alinéa, de la loi du 4 décembre 1925, instituant une surtaxe de 20 % sur les mutations d'immeubles opérées au profit d'un étranger. En temps de guerre ou de troubles politiques, l'accès des étrangers sur le sol national est généralement soumis à l'obligation des passeports. Mais toutes ces questions se rattachent plutôt à des considérations d'opportunité politique qu'à la science du droit international.

Enfin l'État peut prohiber ou restreindre l'importation sur son territoire des choses qui menaceraient sa sécurité ou nuiraient à sa prospérité économique. Mais ces diverses précautions sont encore en dehors du droit international.

Au regard du droit international qui seul ici nous intéresse, nous sommes donc autorisés à poser le principe de la liberté d'accès des personnes et des choses sur le sol national, et par voie de généralisation, celui de leur libre circulation internationale.

Ce principe entraîne sur le terrain juridique d'importantes conséquences :

1° Le principe de la libre circulation internationale des personnes et des choses implique la reconnaissance par les États de leurs droits ou attributs juridiques acquis au préalable sur le territoire d'autres

États, car il est impossible de dissocier la personne juridique de la personne physique ou de séparer les attributs juridiques des choses de leurs qualités physiques.

Et il est logique que les droits et attributs soient régis, en principe, dans tout le cours de leur existence juridique, par leur loi d'origine, c'est-à-dire par la loi qui a présidé à leur institution ou à leur acquisition.

Exemples :

J'achète une valise à Paris et je m'en sers pour accomplir un voyage à l'étranger. Ma qualité de propriétaire et l'attribut juridique de ma valise qui est celui d'être ma propriété, découlant l'un et l'autre de mon achat opéré à Paris conformément à la loi française, seront reconnus partout où je passerai.

Un titre au porteur émis par une société française circule à l'étranger avec tous les droits, prérogatives, et obligations qui y sont attachés par la loi française.

Les États fixent souverainement les conditions déterminantes de la nationalité. Les individus réunissant ces conditions peuvent invoquer et faire valoir partout les droits et avantages qui en résultent.

Il arrive parfois qu'une même personne se voie attribuer deux nationalités : ainsi un enfant né en Angleterre de parents français est Anglais en Angleterre et Français en France; dans ce cas, la personne doit être admise, selon nous, à invoquer et faire valoir dans les pays tiers l'une ou l'autre nationalité suivant ce qu'elle croit être de son intérêt.

2° Mais l'exercice d'un droit ou la mise en œuvre d'un attribut peuvent être paralysés dans un pays étranger soit par un obstacle de fait résultant d'une insuffisance de correspondance dans les législations (par exemple dans le cas où une femme française veut exercer son hypothèque légale sur les biens de son mari situés en Angleterre, l'hypothèque n'existant pas dans ce pays, du moins dans la forme où elle est organisée en France), soit par une prohibition d'ordre public (par exemple dans le cas où l'on veut obtenir en France l'exécution d'un engagement à vie passé à l'étranger).

L'application de la loi d'origine se trouve souvent aussi mise en échec dans un pays étranger par le jeu de la règle *Locus regit actum* relative à la forme des actes, dont les besoins de la pratique ont révélé de tout temps l'impérieuse et universelle nécessité.

3° La reconnaissance des droits ou attributs acquis à l'étranger emporte pour le juge national l'obligation de reconnaître et d'appliquer, le cas échéant, la loi étrangère, et pour l'État national celle d'assurer cette application au besoin par le concours de la force publique.

Chacune de ces trois séries de conséquences appelle des développements spéciaux qui formeront respectivement l'objet de trois chapitres distincts :

Chapitre premier. — Des droits de la personne, des attributs juridiques de la chose, et de leur loi d'origine.

Chapitre II. — Des incidents de la circulation internationale des personnes et des choses, et de leur influence sur le cours d'application de la loi d'origine.

Chapitre III. — De l'exécution forcée dans les rapports internationaux.

CHAPITRE PREMIER

DES DROITS DE LA PERSONNE
DES ATTRIBUTS JURIDIQUES DE LA CHOSE
ET DE LEUR LOI D'ORIGINE

Nous avons suivi sommairement le droit de la personne et l'attribut juridique de la chose dans leur vie internationale, et nous avons dit que cette existence juridique était en principe gouvernée par la loi d'origine. Mais quelle est la loi d'origine, quelle est, en d'autres termes, la loi ayant qualité pour créer la vie du droit ou de l'attribut?

Si les personnes et les choses demeuraient perpétuellement fixées sur leur sol, on ne concevrait pas qu'une autre loi pût jamais leur être appliquée que la loi territoriale. Dès lors, la circonstance qu'à un moment donné ces personnes ou ces choses quittent leur territoire ne saurait, de toute évidence, supprimer ou modifier rétroactivement ce fait. C'est donc la loi territoriale, et elle seule, qui confère aux personnes des droits et aux choses des attributs tant qu'elles demeurent sur le territoire.

Mais ici nous entendons en ce qui concerne les personnes une objection apparemment grave que nous devons immédiatement poser et réfuter.

D'après la loi française, l'individu né à l'étranger de parents français est Français. Dans beaucoup de pays étrangers comme en France, le *Jus sanguinis* l'emporte sur le *Jus soli*. Par conséquent, de nombreuses personnes ont la nationalité d'un pays autre que celui sur le territoire duquel elles ont vu le jour, et il en résulte que tous les droits, très nombreux, qui s'y rattachent, et que nous énumérerons plus loin, se trouvant régis dès l'origine par la loi nationale de ces personnes, le sont par une loi autre que la loi territoriale contrairement, semble-t-il, au principe que nous avons énoncé.

Cependant, à regarder au fond des choses, le *Jus sanguinis* procède lui-même du *Jus soli*. Car, même en admettant que des parents français vivant à l'étranger soient eux-mêmes issus d'une famille qui s'y serait établie de temps immémorial, il faudrait cependant bien, en remontant de génération en génération, arriver à découvrir un ancêtre qui fût né sur le sol national; sinon, il serait impossible de justifier la nationalité française de toute la descendance. C'est donc invariablement le sol que l'on trouve à l'origine du droit. D'où il suit que la loi nationale est toujours en réalité celle d'un lieu d'origine de la personne, même lorsqu'elle repose sur le *Jus sanguinis*, étant toutefois observé que dans cette hypothèse la loi nationale est celle d'un lieu d'origine lointaine, tandis que dans celle où la nationalité repose sur le *Jus soli*, la loi nationale est celle du lieu d'origine immédiate.

Ainsi, sous le bénéfice de ces explications relatives au véritable caractère de la loi nationale qui n'est au fond, somme toute, qu'une loi territoriale de second degré, la loi d'origine est toujours la loi territoriale.

Il arrive parfois que dans un cas où il faudrait appliquer la loi nationale cette application se révèle impossible parce que la personne n'a pas de nationalité (l'absence de nationalité se produit lorsqu'une personne est dépouillée de sa nationalité d'origine par sa loi d'origine sans acquérir une nationalité nouvelle). Dans ce cas, la jurisprudence applique la loi du domicile qui fonctionne normalement à défaut de la loi nationale et qui n'est, elle aussi, qu'une variante de la loi territoriale, car le domicile plus encore que la naissance crée l'attache au sol.

Nous n'avons considéré jusqu'à présent que la nationalité d'origine. Mais postérieurement à la naissance une nationalité nouvelle peut s'acquérir, soit volontairement par voie de naturalisation, soit forcément par l'autorité d'une loi étrangère. La naturalisation s'obtient généralement moyennant certaines conditions de domicile ou de résidence. D'autre part, certains pays, par exemple le Vénézuéla, imposent très facilement leur nationalité à ceux qui viennent s'y installer. Dans ces divers cas, conformément à ce que nous avons dit du domicile (et qui vaut également pour la résidence), la nationalité a encore une origine territoriale.

Il faut envisager aussi le cas (prévu précisément par l'article 8-5°, 2e alinéa du Code Civil français) où la loi assimile à la résidence sur le territoire national le séjour en pays étranger pour l'exercice d'une fonction conférée par le gouvernement national, et même celui où une loi accorderait la naturalisation sans aucune condition de domicile ou de résidence en récompense de certains services éminents rendus au pays. Dans ces deux dernières hypothèses, il est possible que les étrangers attributaires de la nouvelle nationalité n'aient jamais pénétré sur le sol national, et il semble alors que l'attache au sol fasse défaut : en réalité, au contraire, le lien avec le sol s'est bien formé, mais il s'est constitué seulement *animo* et non *corpore*.

Lorsque par suite d'annexions ou de démembrements territoriaux des personnes passent sous une souveraineté étrangère, le lien qui les unissait à leur patrie n'en subsiste pas moins dans une certaine mesure, même lorsqu'en conséquence d'une annexion totale le territoire d'origine a été complètement absorbé dans le nouvel État. Et cela est si vrai que dans la mesure où il subsiste le lien d'origine est protégé juridiquement : autrefois cette protection faisait l'objet de clauses particulières inscrites dans les traités de paix; aujourd'hui, sous le nom de « protection des minorités », elle jouit d'une organisation juridique internationale dans le cadre de la Société des Nations. Des personnes peuvent ainsi avoir conservé des liens de nationalité avec un territoire qui n'existe plus comme territoire national distinct.

Inversement, un lien de nationalité peut se former avec un territoire qui n'existe pas encore comme tel, et ce lien est susceptible, lui aussi, de faire l'objet d'une protection juridique : c'est ainsi que fort avant la fin de la Grande Guerre de 1914-1918, certains droits étaient déjà reconnus aux Tchécoslovaques, bien que leur territoire national n'existât encore qu'en puissance..... et même seulement en espérance! Mais les droits reconnus dans de telles conditions ne prennent définitivement corps qu'avec l'apparition du nouveau territoire.

En résumé, la nationalité repose toujours et invariablement sur l'attache au sol, matérielle ou morale, présente, passée, ou future. Tel est le fait brutal, incontestable, qui domine tout le droit international.

C'est en conséquence une erreur de distinguer une souveraineté territoriale et une souveraineté personnelle, et les juristes perdent leur temps lorsqu'ils cherchent à réaliser une conciliation impossible entre ces deux souverainetés dont la seconde n'existe que dans leur imagination. Sans doute, on peut dire que la souveraineté est personnelle en tant qu'elle commande les personnes, on peut dire aussi qu'elle est réelle en tant qu'elle gouverne les choses, et qu'elle est territoriale en tant qu'elle étend son empire sur le territoire : mais ces distinctions relatives au sujet ou à l'objet auquel elle s'applique n'intéressent pas son origine qui est exclusivement territoriale.

La souveraineté étant par origine exclusivement territoriale, aucun conflit ne s'élève entre une souveraineté territoriale et une prétendue souveraineté personnelle. Les relations internationales provoquent non des *conflits de lois*, mais des *concours d'intérêts* régis respectivement par la loi territoriale de leur origine. Le problème général du droit international privé ne consiste donc pas dans la recherche d'une série de solutions de conflits, mais dans l'analyse des intérêts divers concourant à la formation des différentes situations juridiques, et dans l'application à chacun de ces intérêts de sa loi territoriale d'origine.

Souvent, surtout en matière de contrats, les droits et attributs sont l'œuvre non de la loi, mais de la volonté des parties dans la mesure où la loi lui laisse libre cours. Or, la volonté n'est pas comme la loi enfermée dans les limites d'un territoire, elle ne connaît pas de frontières, de telle sorte qu'elle peut dans un pays créer sur la base d'une loi étrangère des rapports conférant des droits ou attributs aux personnes ou aux choses engagées dans ces rapports. Par exemple, des personnes de diverses nationalités, supposons des Belges, des Anglais et des Italiens, peuvent très valablement conclure en Suisse un contrat dont l'objet se trouve en Espagne (mettons un contrat de société ayant pour objet l'exploitation de gisements situés dans ce pays) en se référant aux dispositions de la loi française (sauf à remplir les formalités de premier établissement prescrites par cette loi et à se conformer aux conditions qu'elle impose pour la constitution de la société). Jusqu'à la limite des lois obligatoires, mais seulement jusqu'à cette limite, la volonté des parties doit être obéie.

Parmi les droits et attributs, il convient de distinguer ceux qui constituent le statut permanent de la personne ou de la chose et ceux qu'elles sont susceptibles d'acquérir accidentellement au cours de leur vie juridique. Les premiers sont régis par la loi permanente d'origine qui est pour les personnes leur loi nationale (car, ainsi que nous le noterons un peu plus loin, le statut permanent de la personne est inséparable de sa nationalité), et pour les choses la loi de leur territoire d'origine. Les seconds sont toujours régis par la loi du territoire d'acquisition du droit ou de l'attribut.

Sur la base de cette distinction nous allons essayer d'établir ci-après une classification des principaux droits et attributs d'après leur loi d'origine en nous guidant sur cette idée que la permanence du droit ou de l'attribut correspond logiquement à celle de l'intérêt que le droit protège ou que l'attribut consacre.

Nous étudierons ainsi successivement : les droits permanents, les droits accidentels, les attributs permanents et les attributs accidentels.

Enfin, nous analyserons dans une catégorie spéciale les attributs juridiques des immeubles, bien que ceux-ci soient en vérité en dehors du droit international puisque par définition ils ne se déplacent pas.

Abordons maintenant notre classification.

I. — Droits permanents.

Ces droits sont ceux qui protègent les intérêts permanents de la personne.

Ils sont régis par sa loi permanente d'origine qui ne peut être que sa loi nationale car ils sont intimement liés à sa nationalité. Ils concernent en effet la personne et la famille ; or, la personne ne peut être isolée de la famille, et la famille conditionne la nationalité, car si l'individu a telle nationalité, c'est qu'il est né de tel père et de telle mère dans tel pays.

Ce motif ne saurait viser, il est vrai, la nationalité nouvelle acquise postérieusement à la naissance par voie de naturalisation ou autrement; mais, de même que l'adoption engendre, par imitation de la nature, les mêmes effets civils que la parenté, l'attribution d'une nationalité nouvelle doit, par une logique assimilation, produire les mêmes effets civils (et d'ailleurs aussi les mêmes effets politiques) que la nationalité d'origine.

Par conséquent, dans tous les cas, la loi de la nationalité doit être nécessairement celle de la personne prise tant dans son individualité que dans ses rapports avec la famille.

Les droits permanents comprennent, en somme :

1°. — La nationalité elle-même ;

2°. — Les droits de la famille ;

parmi lesquels il convient de citer notamment : la puissance paternelle, la tutelle, la puissance maritale, ainsi que les conséquences pécuniaires de ces différents rapports telles que l'usufruit légal des parents, l'hypothèque légale du mineur ou de la femme mariée, — la reconnaissance d'enfant naturel et la légitimation, — le mariage au point de vue de ses conditions de validité et de ses conséquences pécuniaires telles que le régime légal ou conventionnel des biens entre époux, — le divorce et la séparation de corps, — l'obligation alimentaire entre parents ou alliés, etc... ;

3° — Les droits relatifs aux successions légitimes ou testamentaires, parce qu'ils sont en relation étroite avec la famille dont ils constituent l'armature sociale : il est en effet conforme à leur propre intérêt que les familles se maintiennent à un certain niveau social, et ce résultat ne peut être obtenu que par une bonne organisation du régime successoral s'étendant à tout le patrimoine du défunt, c'est-à-dire aussi bien à la succession immobilière qu'à la succession mobilière, contrairement à la jurisprudence de certains pays, notamment à la jurisprudence française, anglaise et américaine, qui persiste à distinguer les deux successions ;

4° — Les droits relatifs à la protection de la personne,

à savoir principalement :

a) Ceux qui assurent la protection de la personne en général, comme ceux qui sont relatifs aux donations entre vifs ou comportent dans cet intérêt l'accomplissement de certaines formes solennelles pour la conclusion de certains actes juridiques, comme celles qui exigent le ministère d'un officier public pour le mariage, le contrat de mariage, la donation, etc.......

b) Ceux qui assurent la protection de certaines catégories de personnes, par exemple celle des incapables (mineurs, fous, prodigues, faibles d'esprit), ou celle de chaque époux contre les abus d'influence dont il pourrait être victime de la part de l'autre (immutabilité des conventions matrimoniales), ou celle de la femme contre son mari pour le paiement de ses reprises.

II. — Droits accidentels.

Ils comprennent les créances, quelle que soit leur origine (contractuelle, quasi-contractuelle, délictuelle, ou quasi-délictuelle), sauf celles résultant du contrat de mariage que nous avons classées dans la catégorie des droits permanents comme se rattachant au statut permanent de la personne.

Les droits contractuels sont régis par la volonté des parties dans la limite de la loi obligatoire qui est pour eux celle du territoire d'acquisition.

Lorsque les contractants n'ont pas exprimé leur volonté, le contrat est régi tout entier par la loi du territoire d'acquisition.

Lorsqu'ils l'ont exprimée, mais obscurément ou incomplètement, on pourra essayer de l'interpréter ou d'y suppléer par l'examen des circonstances susceptibles de fournir des présomptions.

Le territoire d'acquisition de la créance est celui sur lequel le contrat est conclu (ou le délit perpétré). Il peut s'élever à cet égard des difficultés, soit lorsque le contrat est conclu par correspondance ou par téléphone entre personnes se trouvant sur des territoires différents, soit lorsque sa conclusion est subordonnée à l'acceptation ultérieure d'une offre initiale. Dans les deux cas, nous pensons que l'acquisition de la créance se produit au lieu où l'auteur de l'offre reçoit l'acceptation de son correspondant, parce que c'est en ce lieu que se réalise le concours de volontés nécessaire à la conclusion du contrat. Ce lieu sera en principe, sauf manifestation expresse ou tacite de volonté contraire, le domicile de l'auteur de l'offre, même si l'acceptation a été reçue en fait ailleurs, parce que le domicile doit être considéré comme le siège juridique de la volonté. Ainsi les contrats d'embauchement sont régis par la loi du domicile du patron, les adjudications et marchés passés par les Administrations sont régis par la loi de ces Administrations, les contrats conclus par émissions de prospectus sont soumis à la loi de l'établissement émetteur, les ordres de Bourse à la loi de l'établissement qui a lancé l'ordre, etc...

En dehors des créances, les droits accidentels comprennent la propriété et les droits réels que la personne est susceptible d'acquérir. Nous en parlerons à propos des attributs de la chose qui correspondent à ces droits.

Les droits d'une société considérée comme personne morale sont comme ceux d'une personne physique permanents ou accidentels. Les droits permanents sont ceux qui dérivent des statuts de la société ; ils sont régis par les statuts dans la limite et en conformité de la loi d'origine qui est celle de la fondation de la société. Les droits accidentels sont ceux que la société peut acquérir par voie de contrats ou de marchés au cours des opérations qu'elle négocie dans les divers pays où elle exerce son activité ; ils sont régis par la loi du lieu de la conclusion des contrats ou marchés.

III. — Attributs permanents, attributs accidentels.

Toutes les personnes ont un statut permanent ; les choses au contraire (en dehors des immeubles qui en principe n'intéressent pas le droit international) n'en ont un qu'exceptionnellement. Parmi les choses qui possèdent ce statut nous citerons les navires et les titres au porteur, et c'est sur ces deux exemples que nous allons spécialement raisonner.

Voyons d'abord les navires.

Le statut permanent du navire est régi par sa loi d'origine, c'est-à-dire par la loi du pays dans lequel il a été enregistré par la volonté de l'homme sous les conditions requises par cette loi, soit en d'autres termes par la loi du port d'attache dite loi du pavillon.

Le domaine du statut permanent et par conséquent de la loi du pavillon qui l'organise est extrêmement étendu, les intérêts auxquels il s'agit de pourvoir étant presque tous permanents parce qu'ils concernent en général le crédit dont le navire est l'instrument : il s'agit le plus souvent de savoir quels sont les droits des tiers qui ont prêté sur le navire. C'est donc la loi permanente d'origine, c'est-à-dire celle du pavillon, qui a compétence pour régir les divers droits réels constitués sur les navires, notamment l'hypothèque maritime.

Les attributs des navires sont rarement accidentels. On peut citer comme investi de cette qualité celui d'appartenir à tels armateurs. En conséquence, la vente du navire à d'autres armateurs est normalement régie par la loi du lieu où elle se conclut et non par la loi du pavillon, à moins que les parties ne préfèrent cette dernière. Encore faut-il observer que si la vente doit avoir pour effet de changer la loi du pavillon, elle ne peut s'opérer que sous l'égide de la loi du pavillon originaire qui doit nécessairement intervenir pour régler les conditions d'un changement aussi essentiel.

Voyons maintenant les titres au porteur.

Une obligation au porteur d'une Compagnie de chemins de fer français, par exemple, est soumise à la loi statutaire de la Compagnie dans le cadre plus général de la loi française.

Mais une opération accidentelle sur ces titres, non prévue par les statuts, se réalise suivant la loi du lieu de sa conclusion sauf volonté contraire des parties.

En général, les attributs accidentels des choses (meubles ou titres au porteur) consistent principalement pour elles à former un objet de propriété ou à constituer une assiette de droits réels. Ils sont régis par la loi du lieu de l'acquisition par la personne de la propriété ou des droits réels. Il convient de préciser ici que ce lieu est celui de la situation matérielle des choses, et que la règle *mobilia personam sequuntur*, encore suivie dans la pratique de certains pays, est dépourvue de toute valeur juridique internationale.

IV. — Immeubles.

L'organisation foncière est en dehors du droit international puisque par définition, nous l'avons déjà remarqué, les immeubles ne se déplacent pas. On ne saurait donc imaginer d'autre loi applicable à cette organisation que la loi de la situation des immeubles, laquelle régit notamment les droits réels dont les immeubles peuvent être grevés, tels que les hypothèques ou les servitudes.

Mais si les immeubles échappent par eux-mêmes à l'action du droit international, cela ne les empêche nullement d'être souvent englobés dans des rapports internationaux. Un immeuble peut être, en effet, compris dans une transmission héréditaire soumise tout entière à la loi nationale du défunt; il peut encore faire l'objet d'un contrat dont la loi est en principe celle du lieu de sa conclusion laquelle n'est pas nécessairement celle de la situation ; enfin la capacité requise des contractants fait partie du statut permanent de la personne, lequel est régi, nous le savons, par sa loi nationale. — Les mêmes observations s'appliquent aux droits réels.

Nous avons soutenu cette thèse que la loi avait toujours une origine territoriale, mais cette proposition suppose, bien entendu, un territoire soumis à une souveraineté, car là où il n'y a pas de souveraineté, il n'y a évidemment pas de loi.

Dès lors, comment les choses se passent-elles lorsque le fait générateur du droit ou de l'attribut arrive dans un lieu sur lequel ne s'exerce aucune souveraineté, comme en pleine mer ou dans un désert inexploré ?

Par exemple, un enfant naît en pleine mer de parents dont la loi nationale repose sur le *Jus soli*. Quelle est sa nationalité? Nous répondons : la nationalité des parents qui fonde ainsi indirectement celle de l'enfant sur le *Jus soli* en la reliant au sol sur lequel les parents sont nés.

Pratiquement, la difficulté se pose plutôt à propos des contrats. Quelle est donc la loi qui régit la conclusion d'un contrat en pleine mer lorsque les contractants n'ont en aucune façon laissé apparaître leur volonté à cet égard? Il ne peut être ici question de suppléer à la volonté défaillante par la loi territoriale comme dans le cas ordinaire puisqu'en l'occurrence cette loi n'existe pas. Mais la situation est aussi toute différente. Dans le cas ordinaire les parties savent que si elles ne disent rien la loi territoriale s'imposera d'autorité, et par conséquent la plupart du temps elles ne songent même pas à vouloir quelque chose, de telle sorte qu'il serait déraisonnable de rechercher ce qu'elles ont voulu lorsqu'il est certain qu'elles n'ont rien voulu. Au contraire, dans le cas que nous envisageons, les parties connaissaient l'inexistence de la loi; elles ont donc voulu, au moins implicitement, soumettre leur contrat à une loi déterminée, car il est impossible d'admettre qu'elles aient conclu un contrat sans vouloir en assurer l'exécution par la loi. Si elles ont omis d'exprimer leur volonté, il convient en conséquence de rechercher ce qu'elle devait être d'après les circonstances qui ont entouré la conclusion du contrat.

Les personnes et les choses ne se meuvent pas isolément dans le monde juridique. Le droit suppose toujours un lien entre son titulaire et une autre ou d'autres personnes (ou une ou plusieurs choses). L'attribut suppose également un lien entre l'objet bénéficiaire et une autre ou d'autres choses (ou une ou plusieurs personnes). Ce lien s'appelle le rapport de droit. Diverses personnes et choses concourant à sa formation, il est parfois délicat de découvrir parmi ce concours le titulaire du droit ou l'objet bénéficiaire de l'attribut. Il importe alors de se rappeler que le droit ou l'attribut correspondent nécessairement à un intérêt déterminé sans lequel ils n'auraient aucune raison d'être. Il s'agit donc de distinguer la personne ou la chose intéressée dans le rapport de droit; c'est cette personne qui est titulaire du droit, c'est cette chose qui est bénéficiaire de l'attribut. La distinction faite, il ne reste plus qu'à appliquer au droit ou à l'attribut sa loi d'origine.

Voyons comment la distinction s'établit dans les principaux cas.

Tutelle. — C'est le pupille qui est intéressé dans le

rapport de droit, c'est donc lui le titulaire du droit et non le tuteur, c'est donc la loi nationale du pupille qu'il faut appliquer et non celle du tuteur, même dans les matières qui semblent intéresser plus directement ce dernier, telles que celles qui se rapportent à son mode de nomination, à ses causes de destitution, à son rôle dans le fonctionnement du conseil de famille, parce que c'est toujours le pupille que la loi a voulu protéger.

Puissance paternelle. — Le caractère de cette institution est indécis. Dans la loi française, elle paraît plutôt organisée dans l'intérêt de l'enfant que dans celui du père, mais dans d'autres législations qui auraient suivi plus fidèlement la tradition de la *patria potestas* romaine, elle serait plutôt organisée au contraire dans l'intérêt du père que dans celui de l'enfant. Il convient donc d'appliquer selon les cas la loi nationale de l'enfant ou celle du père.

Reconnaissance d'enfant naturel, légitimation. — Il faut, suivant nous, appliquer la loi nationale de l'enfant reconnu ou légitimé, parce que la reconnaissance ou la légitimation intéressent son état, et non la loi de l'auteur de la reconnaissance ou de la légitimation. Mais l'opinion contraire compte de nombreux partisans qui voient surtout dans ces institutions l'intérêt de la bonne organisation de la famille.

Mariage et ses diverses conséquences personnelles et pécuniaires. — Sauf pour les conditions de validité requises en la personne des futurs époux auxquelles on applique respectivement la loi nationale de chacun d'eux, il faut toujours appliquer la loi nationale du mari, parce que c'est lui le chef de l'association conjugale intéressée dans le rapport de droit, même aux conséquences qui semblent intéresser plus directement la femme, telles que son incapacité ou les garanties qui lui sont accordées pour le paiement de ses reprises.

Divorce. — La femme acquérant en général par le mariage la nationalité de son mari, on serait tenté d'appliquer au divorce la loi nationale commune des époux. Nous croyons au contraire plus exact de considérer que les époux ne se sont engagés dans les liens du mariage qu'à la condition de pouvoir en sortir dans les cas prévus par leur loi nationale originaire. Ainsi, du moins à notre avis, un mariage contracté entre un Italien et une Française pourrait être dissous par le divorce pour les causes prévues par la loi française bien que la loi italienne ne connaisse pas le divorce, mais seulement à la requête de l'épouse.

Successions *ab intestat* ou testamentaires. — Il faut appliquer la loi nationale du défunt, jamais celle de l'héritier ou du légataire[1], parce que c'est la famille qui est intéressée dans le rapport de droit et que pour servir son intérêt, ce n'est évidemment pas l'activité des héritiers ou légataires, mais celle de leur auteur que l'institution d'un régime successoral a pour objet de stimuler en lui offrant la perspective de transmettre un jour son bien à ses successeurs.

Donations. — C'est le donateur que la loi veut protéger, c'est donc lui qui est l'intéressé dans le rapport de droit, c'est donc sa loi nationale qu'il faut appliquer.

Servitudes. — On peut se demander comment fonctionne une servitude dans l'hypothèse où le fonds servant et le fonds dominant se trouvent situés sur des territoires différents de chaque côté d'une frontière commune. Il faut, suivant nous, distinguer : si la servitude a été constituée par contrat ou par testament, on applique la loi du contrat ou du testament ; si au

1. Cette vérité est méconnue par la loi française du 14 juillet 1819. Cf. à ce sujet notre brochure « De la liquidation et du partage des successions en droit international ».

contraire elle dérive de la loi d'un pays sans dériver en même temps de la loi du pays voisin, les conditions d'existence de la servitude n'étant pas réunies, il n'y a pas de servitude ; enfin, si la servitude est organisée dans les deux pays mais dans des conditions différentes, elle s'exerce dans chaque pays dans les conditions prescrites par sa loi.

Parmi les diverses situations que nous venons de passer en revue, il en est qui ne soulèvent jamais qu'un intérêt unique, mais il en est d'autres qui soulèvent parfois, à côté d'un intérêt principal, des intérêts secondaires qui viennent se greffer sur lui. Ainsi la tutelle ne met en jeu que l'intérêt du pupille ; au contraire l'ouverture d'une succession peut mettre en jeu non seulement l'intérêt général de la famille, mais encore l'intérêt spécial de la protection des héritiers mineurs, ou encore l'intérêt des créanciers lorsque la succession est grevée d'un passif. Or, il faut toujours avoir bien soin de séparer ces divers intérêts, car ils peuvent être régis par des lois différentes : l'intérêt de la famille est garanti par la loi de la succession qui est celle de sa dévolution et qui, dans notre opinion, ne peut être, nous l'avons dit, que la loi nationale du défunt; mais la protection des héritiers mineurs est assurée par leur loi nationale et non par celle du défunt ; enfin l'intérêt des créanciers exige souvent l'application d'une loi autre que celle de la dévolution lorsqu'ils ont pu normalement ignorer celle-ci, ou que le gage sur lequel ils étaient en droit de compter risque d'être compromis. On trouvera dans notre brochure « De la liquidation et du partage des successions en droit international » de fréquents exemples de cette application, qui est toujours celle de la loi du lieu où l'intérêt collectif des créanciers (distinct de l'intérêt individuel de chacun d'eux) éprouve le besoin d'être sauvegardé.

On applique notamment la loi de la situation des biens légués à la question de savoir si les légataires contribuent ou non au règlement du passif successoral (cf. notre brochure, page 50). En résumé, le concours possible de plusieurs intérêts dans un même rapport de droit impose la nécessité d'une analyse toujours très attentive.

Il faut, en outre, se préoccuper de l'intérêt des tiers qui pourraient avoir à souffrir éventuellement d'un rapport de droit et déterminer la loi applicable à cet intérêt qui touche à ce qu'on appelle le crédit public. Cet intérêt veut que les tiers soient assurés grâce à des mesures appropriées contre toute éventualité d'un préjudice quelconque pouvant résulter pour eux du rapport de droit, et que ces mesures soient prises là où elles seront susceptibles de parer le plus efficacement au danger de préjudice dont ils sont menacés, c'est-à-dire là où ils pourront en être avertis. Conformément à notre thèse générale sur la territorialité de la loi, c'est à la loi de ce lieu qu'il appartient d'organiser les mesures convenables.

En conséquence, il apparaît clairement que les formalités de publicité relatives au transfert d'un immeuble, d'une créance, d'un navire doivent être régies respectivement par la loi de la situation, par celle du domicile du débiteur, et par celle du pavillon. De même, les formalités destinées à empêcher la négociation d'un titre au porteur perdu ou volé à l'étranger sont régies par la loi du lieu de l'établissement débiteur parce que cet établissement est le seul endroit où les tiers puissent être renseignés.

En généralisant l'idée que les tiers doivent être protégés contre les répercussions possibles d'un rapport de droit déterminé, on arrive à formuler la règle qui prescrit au législateur de les garantir sur toute l'étendue du territoire des dangers que peuvent leur faire courir certaines catégories de rapports de droit envisagés dans leur ensemble et de prendre à cet effet les dispositions nécessaires. Tel est notamment le but des lois relatives à la constitution des sociétés, à l'émission et à la négociation des valeurs, à la circulation et au paiement des effets de commerce, à la limitation du taux de l'intérêt.

D'une manière encore plus générale, toute personne a le droit de bénéficier sur le territoire des avantages et bienfaits de l'ordre public, tel qu'il y est organisé par les lois en vigueur.

Enfin partout où elle passe, la personne doit trouver dans la loi territoriale la protection dont elle peut avoir besoin dans des cas urgents ; dans cet ordre d'idées rentrent les dispositions prises pour l'administration provisoire du bien des mineurs ou les mesures provisoires arrêtées au cours d'une instance en divorce.

La jouissance de certaines situations de fait, telles que la possession, doit être également garantie à la personne par la loi territoriale.

On découvre en dernière analyse dans toute cette série de droits une véritable et intéressante formation juridique quasi-contractuelle gouvernée suivant nos principes par la loi territoriale.

Nous avons ainsi terminé l'énumération des principaux droits et attributs, nous avons observé qu'ils fonctionnaient tantôt à l'état isolé tantôt au contraire en état de synthèse plus ou moins fondue, et nous avons constaté qu'ils étaient toujours régis, sous une forme ou sous une autre, par la loi de leur territoire d'origine. Mais nous savons aussi qu'en accompagnant les personnes et les choses dans leurs déplacements internationaux, les droits et attributs peuvent se heurter dans leur fonctionnement à divers obstacles susceptibles de contrarier ou même de mettre complètement en échec la loi d'origine. L'étude de ces obstacles constituera la matière du chapitre suivant.

CHAPITRE II

DES INCIDENTS DE LA CIRCULATION INTERNATIONALE DES PERSONNES ET DES CHOSES ET DE LEUR INFLUENCE SUR LE COURS D'APPLICATION DE LA LOI D'ORIGINE.

Le cours d'application de la loi d'origine peut être influencé par trois sortes d'obstacles : un obstacle de fait, un obstacle tiré de considérations d'ordre public, ou enfin un obstacle résultant du jeu de la règle *Locus regit actum.*

Obstacle de fait. — Il surgit d'une excessive discordance de certaines législations qui rend impossible dans un pays l'exercice d'un droit acquis dans un autre pays ou conféré par une loi nationale étrangère.

Exemples : des époux français ne peuvent en fait divorcer en Espagne ou en Italie, le divorce n'étant pas organisé par la loi de ces pays qui ignorent cette institution; la femme française ne peut exercer son hypothèque légale sur les biens de son mari situés en Angleterre, l'institution du *mortgage* anglo-saxon étant trop éloignée de l'hypothèque française pour permettre une adaptation quelconque de l'une à l'autre.

Il faut toutefois se garder d'exagérer l'importance de l'obstacle de fait qui peut souvent être surmonté ou tout au moins considérablement réduit. Ainsi nous ne voyons aucune bonne raison d'empêcher des époux français ayant obtenu en Espagne ou en Italie un jugement de séparation de corps d'attribuer à ce jugement les effets d'un divorce aux fins de contracter ailleurs qu'en Espagne ou en Italie de nouveaux mariages, pourvu que les causes admises par le juge espagnol ou italien soient prévues par la loi française comme motifs de divorce. L'exercice de l'hypothèque française en Angleterre paraît se heurter à un obstacle plus absolu; cet exercice semble au contraire plus aisé dans des pays tels que l'Allemagne ou l'Italie, malgré la dissemblance cependant encore profonde des institutions, parce que cette disparité n'atteint plus leur racine même comme dans le cas de l'hypothèque et du *mortgage*.

Un Français ayant reconnu le premier son enfant naturel né de ses relations avec une femme anglaise, le légitime en épousant la mère en Angleterre bien que la légitimation y soit inconnue, conformément à la loi française qui est comme celle du père la loi nationale de l'enfant. La légitimation résulte *ipso jure* du mariage sans l'obstacle d'aucune formalité, mais elle pourrait ne produire aucun effet en Angleterre.

L'admission du principe de la libre circulation internationale des personnes et des choses impose aux États le devoir moral et juridique de s'employer de tous leurs efforts à lever dans la plus large mesure possible les obstacles susceptibles d'entraver l'application de la loi d'origine.

Obstacle de l'ordre public. — En quoi consiste cet obstacle, ou, en d'autres termes, qu'est-ce au juste que l'ordre public? à quelle réalité concrète correspond cette expression assez vague dont on a tendance à abuser?

L'ordre public réside, à notre sens, dans cette harmonie élémentaire résultant sur le territoire d'un

État du fonctionnement normal de certains principes de morale et de droit supérieur qui y sont considérés comme fondamentaux et intangibles. Il découle de cette définition : 1° qu'aucune loi positive interne ou étrangère ne peut heurter ces principes sans troubler en même temps cette harmonie élémentaire dont est fait l'ordre public; 2° que des principes considérés comme fondamentaux et intangibles dans un État ne sont pas nécessairement considérés comme tels dans un autre État qui peut-être même les répudie, et qu'en conséquence la conception de l'ordre public n'est pas nécessairement identique dans tous les États. Ainsi, certaines lois orientales autorisant leurs sujets à entretenir plusieurs femmes légitimes, cette situation pourra être reconnue avec toutes les conséquences légales qui en dérivent dans tel pays occidental et non dans tel autre, selon qu'ici ou là la monogamie est considérée comme une simple règle d'ordre intérieur ou au contraire comme une institution imposée par des considérations supérieures de moralité publique.

On regarde souvent le crédit public comme une branche de l'ordre public. C'est, à notre avis, une erreur, l'un n'ayant rien à voir avec l'autre. Le crédit public, qu'il serait d'ailleurs plus exact d'appeler le crédit privé, ne représente en réalité qu'une somme d'intérêts privés en puissance régis par la loi territoriale, et à ce titre il rentre dans le domaine du droit privé; il rentre plus spécialement dans celui du droit international privé lorsque les intérêts qu'il représente se combinent avec d'autres intérêts régis par une loi d'origine étrangère. L'ordre public est quelque chose de beaucoup plus général : la conception qui est à sa base, loin d'être régie par telle loi ou par telle autre, plane au-dessus des lois intérieures qu'elle inspire, et toujours elle domine la loi étrangère, tandis qu'inversement la loi de crédit public s'incline parfois devant une autre loi, comme en matière de succession la loi territoriale s'incline devant la loi de la dévolution toutes les fois que les créanciers ont pu connaître cette dernière ou que l'intégrité de leur gage n'est pas mise en péril.

L'exercice d'un droit peut être contraire à l'ordre public sans que ses conséquences le soient : ainsi le divorce est certainement contraire à l'ordre public dans les pays qui ne reconnaissent pas cette institution, mais la faculté de remariage qui en résulte pour les ex-époux doit être admise même dans ces pays. Il était utile d'en faire la remarque car la jurisprudence méconnaît parfois cette distinction qui cependant ne laisse aucun doute.

Obstacle de la règle « *Locus regit actum* ». — Cette règle qui soumet la forme des actes à la loi du lieu où ils sont passés est vieille comme le droit international lui-même. Partout et de tout temps elle a été reconnue comme une nécessité pratique. On ne discute donc pas sur son fondement, mais seulement sur l'étendue de son domaine ou sur son caractère obligatoire ou facultatif dans les cas où elle ne s'impose pas matériellement.

Dans notre système général de droit international basé sur la territorialité de la loi, la règle *Locus regit actum* n'aurait pas besoin d'être formulée d'une manière distincte car elle découle logiquement des principes. Ces mêmes principes permettent aisément d'en déterminer le domaine d'application.

La forme d'un acte juridique est normalement prévue par la loi d'origine du droit ou de l'attribut dont l'acte a pour objet de constater l'existence et les conditions. Si, comme il arrive le plus souvent, l'acte est passé au lieu même de l'origine du droit ou de l'attribut, la règle

Locus... coïncide avec la loi d'origine : pas de difficulté. Mais il arrive aussi que la forme soit prévue par une loi d'origine autre que celle du lieu où l'acte est passé. Dans cette seconde hypothèse, l'emploi de la forme prévue doit être observé, mais il peut être matériellement nécessaire de se conformer aux modalités d'accomplissement organisées par la loi du lieu. Cette nécessité s'impose toujours pour les actes authentiques. Lorsqu'elle ne s'impose pas, comme c'est ordinairement le cas pour les actes sous-seings privés, il est généralement reconnu maintenant que les intéressés sont libres de suivre à leur choix les modalités de la loi du lieu ou celles de la loi d'origine, de telle sorte que la règle *Locus*... n'a plus alors qu'un caractère facultatif.

Concrétisons par quelques exemples ces notions un peu abstraites.

La loi d'un contrat, c'est-à-dire, sauf volonté contraire des parties, la loi du lieu où il est conclu, régit en même temps la forme de l'écrit qui le constate.

C'est la loi de la dévolution successorale qui décide de la forme expresse ou tacite de l'acceptation ou de la renonciation, mais les modalités de la forme expresse sont réglées par la loi du lieu de l'option.

Un étranger faisant son testament en France peut indifféremment à son choix employer les formes françaises ou celles de sa loi nationale.

Certains actes intéressant des incapables (mineurs, femmes mariées, etc...) doivent être autorisés ou homologués judiciairement, conformément à leur loi nationale; l'autorisation ou l'homologation peuvent être accordées par un tribunal étranger, mais dans ce cas l'accomplissement de ces formalités est réglé par la loi étrangère du lieu.

La forme des mesures de publicité est réglée par la loi du lieu où leur exécution est prescrite.

Il a parfois été admis qu'un Français pouvait faire à l'étranger un contrat de mariage sous-seings privés. Nous repoussons cette solution comme contraire à la loi française de protection qui exige dans cette circonstance le ministère d'un officier public.

Plus incertaine est la question de savoir si un Français peut valablement contracter à l'étranger un mariage purement religieux. Sans doute la loi française exige aussi pour le mariage le ministère d'un officier public, mais la loi étrangère qui reconnaît la validité du mariage purement religieux ne reconnaît-elle pas par là-même le caractère d'officier public au ministre du culte qui préside à sa célébration ?

Les formes de procédure sont réglées par la loi du lieu où elles se déroulent, c'est-à-dire par la loi du for.

La preuve d'un simple fait s'administre suivant la même loi. S'il s'agit au contraire de prouver un droit, il faut distinguer. L'admissibilité de la preuve est régie par la loi d'origine du droit ; ainsi un contrat passé en France ne peut être prouvé par témoins au-dessus de 150 francs même à l'étranger. Mais le mode de preuve admis par la loi d'origine s'applique dans les formes prescrites par la loi du lieu ; ainsi, lorsque la preuve par serment est admise par la loi d'origine, le serment est prêté dans les rites établis par la loi du for.

Sans se heurter toujours à des obstacles aussi rigoureux que ceux que nous venons d'envisager, l'application de la loi d'origine subit quelquefois une certaine diminution du fait des dispositions légales du pays d'exercice. Ainsi une société étrangère n'y peut pas toujours faire valoir la totalité des droits qu'elle tient de sa loi d'origine, car le législateur national peut réduire ces droits à la mesure de ceux des sociétés nationales.

Un dernier incident de la circulation internationale des personnes et des choses surgit éventuellement de ce qu'on peut appeler le conflit de double origine. Ce conflit résulte de la diversité des systèmes nationaux de droit international privé applicables dans une même circonstance à une même personne. Les conflits de double origine sont le plus souvent des conflits de nationalité.

Le conflit se produit lorsqu'une personne se trouve simultanément investie à sa naissance d'une double nationalité par les lois de deux pays reposant l'une sur le *Jus soli,* l'autre sur le *Jus sanguinis.* Tel est le cas, que nous avons eu déjà l'occasion de signaler, d'un individu né en Angleterre de parents français, lequel est Français en France et Anglais en Angleterre. Nous avons dit que dans un pays tiers cet individu devait être admis à faire valoir l'une ou l'autre nationalité selon son intérêt, et nous fondons notre opinion sur ce que la loi française et la loi anglaise doivent avoir une autorité égale dans les pays tiers.

Le conflit se produit encore lorsqu'une personne se rendant dans un pays étranger acquiert automatiquement la nationalité de ce pays par l'effet de sa loi résultant de la réunion de certaines conditions d'établissement, de domicile ou de résidence prévues par elle. Si la personne revient ensuite dans son pays d'origine, elle y sera généralement regardée comme ayant conservé sa première nationalité. Dans un pays tiers elle sera admise, suivant nous, comme dans le cas précédent, et pour la même raison de l'autorité égale des lois, à faire valoir l'une ou l'autre nationalité selon son intérêt.

Il arrive que dans certaines circonstances une personne perde sa nationalité d'origine sans acquérir une nationalité nouvelle. Nous estimons que dans un cas semblable la personne ne relève plus partout que de la loi territoriale, même pour l'exercice des droits qui sont régis normalement par la loi nationale.

CHAPITRE III

DE L'EXÉCUTION FORCÉE DANS LES RAPPORTS INTERNATIONAUX

Lorsque des personnes ne s'accordent pas, notamment sur la loi à appliquer au rapport de droit à intervenir ou intervenu entre elles, le recours à un tribunal devient nécessaire : alors se pose la question « de la compétence juridictionnelle dans les rapports internationaux ».

Une décision de justice ayant été rendue par une juridiction étrangère, les parties ne l'exécutent pas toujours volontairement. Lorsqu'il faut les y contraindre, on voit apparaître la question « de l'exécution des jugements étrangers ».

L'exécution forcée peut donc comprendre deux stades. Nous allons successivement les parcourir l'un et l'autre.

I. — De la compétence juridictionnelle dans les rapports internationaux.

Le principe de la libre admission des étrangers sur le sol national emporte nécessairement la reconnaissance de leur personne juridique, celle-ci ne pouvant être isolée de la personne physique. Or, par le fait qu'il reconnaît les droits de la personne étrangère, l'État contracte implicitement envers elle l'engagement d'assurer leur exercice sur son territoire, et de lui prêter au besoin le ministère de ses juges pour lui permettre de répondre aux contestations dont ces droits seraient l'objet.

Dans l'esprit général de notre conception des rapports internationaux, le juge compétent est le juge territorial, c'est-à-dire celui du pays dans lequel la personne se trouve arrêtée dans sa prétention d'exercer son droit par une résistance qu'elle estime injustifiée. Il faut donc déterminer le centre de la résistance qui motive l'action en justice. C'est devant le tribunal de ce lieu que l'action doit être portée.

En matière d'action *in personam*, le tribunal compétent doit être celui du domicile du défendeur parce que ce domicile est le siège juridique de la volonté qui oppose la résistance aux prétentions du demandeur. C'est l'application de la règle romaine *Actor sequitur forum rei.*

Lorsque le défendeur est une société, le tribunal compétent doit être celui du siège social considéré comme le domicile de la société.

En matière d'actions *in rem*, le tribunal compétent est celui de la situation de l'immeuble, parce que l'immeuble constitue le centre de la résistance.

L'action en liquidation et partage d'une succession doit être portée devant le tribunal du dernier domicile du défunt, centre de la résistance aux prétentions éventuelles de tous les ayants-droit.

Lorsqu'un commerçant possède des établissements ou des biens dans différents pays, le tribunal compétent pour le déclarer en faillite est uniquement celui de son principal établissement, ou indifféremment l'un ou l'autre ou même cumulativement l'un et l'autre des tribunaux de la situation des établissements ou des biens, suivant que l'on considére un principal centre de résistance ou la pluralité des centres de résistance aux demandes des créanciers.

En matière de contrats où, comme nous le savons, la volonté des parties joue un rôle important, rien n'empêche celles-ci d'élire juridiction par une clause particulière insérée dans le contrat au siège d'un des éléments quelconques du rapport de droit pour toutes les contestations susceptibles de surgir entre elles à l'occasion du dit contrat. Elles peuvent par exemple, pour des raisons d'opportunité ou de convenances personnelles, stipuler que toutes contestations seront portées devant le tribunal du domicile de l'une d'elles, même dans le cas où elle jouerait le rôle de demanderesse au procès, ou encore devant le tribunal du lieu où le contrat doit recevoir son exécution.

Il serait souhaitable de voir ces directives générales pénétrer dans la pratique des divers États, car leur adoption uniforme tendrait à la suppression des conflits de compétence juridictionnelle, particulièrement graves, puisqu'ils peuvent avoir pour résultat de priver une personne de tout recours à la justice lorsque par suite de la diversité des règles de compétence les différents tribunaux auxquels elle s'adresse se déclarent successivement incompétents.

Malheureusement, dans l'état actuel des législations positives et de la jurisprudence internationale, l'accord est loin de se dessiner.

La jurisprudence anglo-américaine suit à peu près dans leur esprit les grandes directives que nous avons indiquées, mais parfois avec une certaine originalité dans l'application qu'elle en tire. C'est ainsi qu'en matière d'actions *in personam*, elle fonde la compétence de la *Court*, non sur le domicile du défendeur en Angleterre, mais sur sa simple présence, même accidentelle, sur le sol britannique au moment de la remise de l'assignation. C'est ainsi encore qu'elle déclare seule compétente pour déclarer la nullité d'un mariage l'autorité du lieu où le mariage a été célébré. Mais enfin, en dépit de leur fréquente originalité, on retrouve toujours plus ou moins sous les applications de la jurisprudence anglo-américaine une notion de compétence fondée sur le centre d'une résistance à surmonter.

Le système français de compétence juridictionnelle est tout à fait éloigné de ces idées. Il est dominé tout entier par cette conception que la justice est un privilège institué en faveur des nationaux. C'est elle qui est à la base des articles 14 et 15 du Code Civil, c'est encore elle qui inspire la jurisprudence de la Cour de Cassation tendant à interdire aux tribunaux français la connaissance des litiges entre étrangers. Ce système contient une véritable négation du droit international, car il contredit son premier principe, celui de la libre admission des étrangers sur le sol national : il existe, en effet, une contradiction évidente entre l'affirmation de ce principe et la méconnaissance plus ou moins complète d'un des droits les plus essentiels de la personne, celui d'ester en justice.

La reconnaissance des droits ou attributs acquis à l'étranger fournit au juge national de multiples occasions d'appliquer une loi étrangère. Cette application n'est donc indirectement qu'une suite du principe de la libre circulation internationale des personnes et des choses qui est à l'origine du droit international, de telle sorte qu'en appliquant la loi étrangère le juge national applique en même temps un principe de droit international admis par sa propre loi.

De cette double application résultent des conséquences en sens opposé :

Le législateur national n'a pas la faculté de modifier

la loi étrangère qu'il avait faite sienne au moment où il ordonnait à ses juges de l'appliquer, tandis qu'il lui est toujours possible de modifier sa propre loi.

Inversement les juridictions suprêmes dans chaque pays devraient casser pour violation d'un principe de droit international inscrit expressément ou tacitement dans la loi nationale toute décision judiciaire ayant appliqué à tort une loi étrangère ou négligé de l'appliquer quand elle devait l'être ou encore l'ayant mal appliquée par suite d'une erreur d'interprétation. La Cour de Cassation en France et la plupart des juridictions suprêmes étrangères méconnaissent l'exactitude de cette seconde conséquence, alléguant généralement qu'elles n'ont été instituées que pour maintenir l'unité de la loi nationale et non pour contrôler l'application ou l'interprétation des lois étrangères. L'argument est juste en lui-même, mais il ne porte pas, l'application de la loi étrangère n'ayant d'autre objet que d'assurer le respect d'un principe de droit international incorporé dans la loi nationale. Et d'autre part, il n'est pas interdit à une institution organisée dans un but déterminé de remplir des buts accessoires qui n'ont pas été prévus dans l'organisation initiale; s'il est vrai par conséquent que les juridictions suprêmes n'ont été organisées que pour maintenir l'unité des lois nationales, cela ne les empêche en aucune façon de contrôler à l'occasion l'application ou l'interprétation d'une loi étrangère, surtout lorsque ce contrôle n'est destiné en dernière analyse qu'à assurer le respect de la loi nationale. Enfin nous dirons, pour répondre à une objection souvent présentée, que le juge sort moins de ses attributions normales lorsqu'il applique une loi étrangère que lorsqu'il tire souverainement des conséquences de certains faits absolument étrangers à sa profession tels que par exemple les vices de construction d'un immeuble ou l'incapacité physique résultant d'un accident : la science de l'interprétation des lois est en effet la même qu'il s'agisse d'interpréter la loi nationale ou une loi étrangère, tandis que l'appréciation de faits tels que ceux que nous venons de citer en exemples n'a certainement rien de commun avec la science des lois.

Évidemment l'obligation imposée au juge d'appliquer une loi étrangère n'emporte nullement pour lui celle de conformer son interprétation à celle qui est consacrée par la juridiction suprême du pays étranger, le juge national n'étant pas aux ordres du juge étranger.

Lorsqu'il applique une loi étrangère, le juge national doit-il toujours appliquer la loi intérieure du pays étranger ou doit-il au contraire, le cas échéant, appliquer telle autre loi étrangère ou même sa propre loi dont l'application serait prévue par le droit international privé de ce pays ? C'est la question bien connue du renvoi.

Sur le terrain des principes, la solution ne laisse pas le moindre doute : c'est toujours la loi intérieure du pays étranger que le juge national doit appliquer, parce que cette loi, et cette loi seule, à l'exclusion de toute autre, est celle dont son législateur lui prescrit l'application; et il importe peu que la loi à laquelle il serait renvoyé soit une loi étrangère tierce ou la loi nationale elle-même, le principe demeurant identique.

Pratiquement la question se pose surtout à l'occasion d'un renvoi fait par la loi étrangère à la loi nationale. Elle se pose par exemple à l'occasion du décès d'un Anglais domicilié de fait en France : c'est le cas que nous avons examiné dans notre brochure « De la liquidation et du partage des successions en droit international » (page 18). Suivant la jurisprudence française, la succession mobilière de cet Anglais est régie par sa loi nationale, c'est-à-dire par la loi anglaise ; mais faut-il appliquer la loi anglaise elle-même ou le droit international privé anglais qui renvoie à la loi du domicile, c'est-à-dire à la loi française? La jurisprudence française, acceptant généralement le renvoi, applique la loi française. Mais cette application n'est pas conforme aux principes qui exigeraient au contraire l'application de la loi anglaise.

La question du renvoi se pose assez souvent dans l'état actuel de multiplicité des systèmes nationaux de droit international privé, mais le jour où tous les États adopteraient un système uniforme, elle ne pourrait plus se poser que dans les cas rares d'une diversité jurisprudentielle d'application, résultant par exemple d'une conception différente de la nationalité ou du domicile. Or s'il est chimérique et d'ailleurs peu souhaitable de supposer que jamais l'humanité verra l'unification des lois intérieures à cause de la divergence profonde et le plus souvent irréductible des intérêts nationaux que ces lois ont pour objet de gouverner, il paraît au contraire fort raisonnable d'envisager la possibilité future d'un accord général sur les principes purement abstraits destinés à régir les rapports internationaux de droit privé. Nous ne croyons donc pas devoir insister davantage sur le renvoi.

II. — De l'exécution des jugements étrangers.

Lorsque la partie perdante n'exécute pas volontairement le jugement étranger, la partie gagnante peut l'y contraindre en requérant au besoin le concours de la force publique. En conséquence du principe de la libre admission des personnes sur le sol national, l'État se doit en effet d'assurer par tous les moyens le respect de leurs droits acquis à l'étranger. Mais, de même que cette obligation n'existe qu'à l'égard des droits acquis en vertu de la loi internationale compétente, elle n'existe également qu'à l'égard des droits résultant d'un jugement rendu par un tribunal internationalement compétent. La vérification de la compétence juridictionnelle constitue même l'objet principal de la procédure de *l'exequatur* qui précède normalement l'exécution dans le pays où elle est poursuivie, et qui aboutit à la décision judiciaire *d'exequatur*, sans laquelle le jugement étranger serait dépourvu par lui-même de toute force exécutoire.

Sous un régime international uniforme de compétence juridictionnelle, la vérification se réduirait à une simple constatation. La diversité actuelle des régimes pose au contraire une grave question, celle de savoir si c'est d'après la loi du pays du jugement ou d'après celle du pays d'exécution que doit s'apprécier la compétence. Nous estimons que cette appréciation relève de la seconde, car il appartient à chaque État de formuler dans le plein exercice de sa souveraineté les règles de compétence internationale tant juridictionnelle que législative qu'il entend appliquer.

Nous avons vu que la diversité des règles de compétence juridictionnelle pouvait avoir pour conséquence de priver une personne de tout recours à la justice, faute par elle de trouver un tribunal se déclarant compétent pour répondre à sa demande ; corrélativement, cette diversité peut entraîner l'impossibilité pour la partie gagnante d'obtenir l'exécution d'un jugement dans un pays étranger lorsqu'il y est considéré comme ayant été rendu par un tribunal incompétent. Avec un système de règles uniformes, ces fâcheux résultats ne risqueraient plus de se produire que dans les cas exceptionnels (déjà signalés plus haut à propos du renvoi) d'une diversité jurisprudentielle d'application pouvant surgir notamment d'une conception différente de la nationalité ou du domicile.

Dans une étude spéciale sur l'exécution des jugements étrangers, il conviendrait de faire une place toute particulière aux jugements étrangers de faillite dont l'exécution soulève de nombreuses et importantes difficultés, surtout dans le cas où, la faillite ayant été déclarée dans plusieurs pays, l'équité commande de rechercher un accord des procédures en vue d'aboutir à une solution d'ensemble.

CONCLUSION GÉNÉRALE

Nous avons à plusieurs reprises attiré l'attention de nos lecteurs sur la diversité actuelle des règles de compétence internationale tant législative que juridictionnelle, et nous en avons indiqué les regrettables conséquences, particulièrement graves en ce qui concerne la compétence juridictionnelle. Nous avons d'autre part eu l'occasion de souligner incidemment l'aptitude des principes du droit international à faciliter par leur caractère abstrait la constitution d'une doctrine internationale susceptible de remplacer avantageusement et plus scientifiquement la multiplicité des systèmes nationaux de droit international. Il convient donc de travailler à l'élaboration de cette doctrine commune.

Depuis le XIIIe siècle, les juristes ont réussi à édifier divers systèmes généraux dont la construction juridique est parfois remarquable, mais ces constructions sont toujours insuffisamment assises sur le terrain solide des faits. C'est pourquoi nous avons cru utile de nous livrer à une observation attentive des réalités dont la vie internationale nous offre le spectacle, et d'essayer de formuler la doctrine que cette observation paraîtrait imposer. Nous n'avons ainsi voulu voir dans le monde international que des personnes et des choses qui se déplacent d'un pays à un autre, et, redoutant les généralisations hâtives ou les simplifications faciles qui caractérisent les systèmes que nous critiquons, nous

nous sommes soigneusement abstenus de céder à la tentation d'éliminer aussitôt les choses pour ne plus considérer que les personnes comme sujets du droit international. Au risque même d'importuner nos lecteurs et de les surprendre par une terminologie nouvelle, nous n'avons pas hésité à distinguer sans cesse les droits des personnes et les attributs juridiques des choses, bien que ceux-ci soient nécessairement fonction de ceux-là. Et l'analyse consciencieuse des faits nous a conduits à cette constatation capitale que le droit international a toujours pour origine le territoire.

Ceux de nos lecteurs qui auront eu la bienveillance de nous suivre jusqu'au bout connaissent la doctrine que nous en avons fait sortir, et il leur appartient d'en apprécier les mérites ou les défauts. Quelles que soient néanmoins les critiques qui puissent lui être adressées, nous osons affirmer que notre système orienté sur le caractère exclusivement territorial de la souveraineté correspond plus exactement à la réalité des faits que n'importe quel autre système fondé sur la coexistence de deux souverainetés dont l'une serait territoriale et l'autre personnelle, la souveraineté personnelle distincte de la souveraineté territoriale n'existant pas dans l'organisation actuelle de la société humaine. Aux doctrines bâties sur une organisation internationale hypothétique nous avons donc substitué la discipline des faits plus pratique et plus sûre, en dehors de laquelle tout progrès du droit international nous semble impossible.

TABLE DES MATIÈRES.

TYPOGRAPHIE FIRMIN-DIDOT ET Cie. — MESNIL (EURE). — 1926.

MÊME LIBRAIRIE

DU MÊME AUTEUR

De la liquidation et du partage des successions en droit international (spécialement des successions étrangères en France)

In-8° (70 pages). **6** fr. »

www.ingramcontent.com/pod-product-compliance
Ingram Content Group UK Ltd.
Pitfield, Milton Keynes, MK11 3LW, UK
UKHW021947260726
13994UKWH00004B/1590